LE
COMTE JAUBERT

PAR

A. DE PISTOYE

avocat, ancien chef de division au ministère
des travaux publics

PARIS

IMPRIMERIE TYPOGRAPHIQUE A. POUGIN

13, QUAI VOLTAIRE, 13

—

1875

LE COMTE JAUBERT

PARIS. — TYP. A. POUGIN, 13, QUAI VOLTAIRE. — 1316.

LE
COMTE JAUBERT

PAR

A. DE PISTOYE

ancien chef de division au ministère des travaux publics.

PARIS

IMPRIMERIE TYPOGRAPHIQUE DE A. POUGIN

13, QUAI VOLTAIRE, 13

1875

LE COMTE JAUBERT

Il y a un an environ, au moment où s'ouvrait au sein de l'Assemblée nationale la discussion de la loi sur la liberté de l'enseignement supérieur, s'éteignait l'auteur de la proposition de cette loi importante. C'était un des membres les plus éminents de l'Assemblée, un des hommes au cœur le plus chaud et le plus dévoué à son pays et dont les contemporains et même l'histoire de la France, n'oublieront pas la mémoire.

De tristes et patriotiques souvenirs avaient entouré son berceau ; en effet, *Hippolyte-François Jaubert*, fils de François-Hippolyte Jaubert, ordonnateur de la marine, et de Rosalie-Mélanie Cheminade, était présenté le 29 octobre 1799 (8 brumaire an VII) à la mairie des droits de l'homme, mais ce n'était pas son père qui fêtait cette présentation. Le chef de la famille avait quitté le sol de la patrie avec l'escadre qui portait en Egypte le général Bonaparte ; l'ordonnateur Jaubert était chargé en chef de l'administration de la flotte placée sous le commandement du contre-amiral Bruëys.

Après avoir débarqué l'armée, la flotte française s'était embossée dans la rade d'Aboukir, sa gauche appuyée sur l'îlot d'Aboukir, séparé de la terre ferme par une passe étroite supposée impraticable au passage des bâtiments de guerre. Or, voici ce qui était advenu :

Le 1er août, alors qu'une partie des équipages était à terre, tandis que l'amiral était encore à table, avant que le branle-bas de combat eût été donné sur aucun de nos bâtiments, Nelson, avec la souplesse d'un serpent, débouchait entre l'îlot d'Aboukir et la côte, et glissait avec la moitié de sa flotte, derrière notre ligne d'embossage, tandis que l'autre moitié nous attaquait de front. Surprise et placée entre deux feux, la flotte française n'en lutta pas moins avec un courage héroïque; mais, au début de l'action, l'amiral avait été tué sur son banc de quart, et l'*Orient*, sur lequel était arboré le pavillon de commandement, cerné par l'ennemi, privé de la plupart de ses défenseurs, allait être capturé. Au lieu de se rendre, l'administrateur de l'escadre et les officiers de bord préférèrent se faire sauter, et l'incendie de l'*Orient* éclaira pendant la nuit la fin du fatal combat qui engloutit la plus grande partie de la flotte française.

C'est dans une maison en deuil et au milieu de cœurs ulcérés contre l'ennemi de la France que naquit Hippolyte Jaubert, confié aux soins d'une jeune veuve dont le mariage n'avait pas duré un an (il avait eu lieu en vendémiaire an VI); heureusement l'administrateur en chef de la flotte avait laissé en France un frère qui devait le remplacer.

M. François Jaubert était un avocat distingué du barreau de Bordeaux, ami de Vergniaud; en le quittant au départ des Girondins pour Paris, il lui avait dit, comme parole d'adieu : « Vergniaud, je t'en conjure, sauve le roi. » François Jaubert, à la suppression de l'ordre des avocats, était devenu simplement un *homme de loi*, puis quelque temps après la mort de son frère il devint, pour la Gironde, membre du tribunat. A ce titre, il prit une part importante aux travaux préparatoires du Code civil. Il fut bientôt honoré de la haute estime de Napoléon, qui l'appela au conseil d'Etat, où il participa à la préparation du Code de procédure et du Code de commerce. Le 9 août 1807, il était nommé gouverneur de la Banque de France, et il reçut le 22 novembre 1808 le titre de comte.

Il entra dans l'intimité du château, et à la chute de l'empire, alors qu'il allait faire ses adieux à l'impératrice Marie-Louise, celle-ci lui demanda de l'accompagner. C'é-

tait le jour de l'effondrement de la gran-
deur impériale, quand le vide se faisait
autour de l'impératrice; aussi, sans même
rentrer à la Banque, où il ne reparut
plus (1), le comte Jaubert accompagna la
triste exilée.

Même pendant les Cent jours, que pro-
bablement il n'approuva pas, le comte Jaubert ne vint pas revendiquer le poste de
gouverneur de la Banque que son dévour-
ment chevaleresque lui avait fait quitter
précipitamment.

Cette belle conduite, appréciée par le
gouvernement de Louis XVIII, le fit nommer, le 23 décembre 1818, conseiller à la
Cour de cassation.

Tel fut l'oncle d'Hippolyte Jaubert, celui
qui devait veiller surtout à son éducation
et l'adopter un jour; cependant, l'ancien
membre du barreau de Bordeaux ne fut
pas seul à donner des soins à son neveu
bien-aimé. Quant l'enfant avait à peine
neuf ans, sa mère, après l'avoir consulté,
lui donna pour beau-père le baron de Micoud, préfet de l'Ourthe et son oncle.

Le jeune Hippolyte suivit sa mère et son
grand-oncle, devenu son beau-père, à la

---

(1) Sur la demande des régents de la Banque, le 6
avril 1814, un arrêté du ministre des finances s'était
borné à nommer un gouverneur *provisoire;* mais l'absence prolongée du comte Jaubert nécessita la nomi-
nation du gouverneur définitif.

préfecture de Liége, où il fut entouré des soins les plus tendres et les plus éclairés.

Entre de tels parents, l'éducation du jeune homme fut aussi soignée que variée. Après les études classiques vinrent les études de droit. Le 14 janvier, Hippolyte Jaubert était inscrit au tableau des avocats à la cour de Paris, où son nom figura jusqu'en 1845, bien qu'il n'y plaida jamais et que le culte de Thémis ne dut pas l'absorber.

Même du vivant du conseiller à la Cour de cassation, le jeune stagiaire avait fait plus d'une infidélité au palais. Souvent (ainsi qu'il le dit lui-même) (1), il quittait les audiences pour l'amphithéâtre de Louiche-Desfontaines, botaniste distingué et membre de l'Académie des sciences, qui fut pour Hippolyte Jaubert un maître et un patron bienveillant. En 1819, Hippolyte Jaubert entreprenait un voyage de botanique dans les Vosges; ce voyage devint le prélude d'autres et nombreuses excursions.

Tandis que le jeune stagiaire suivait d'un pas distrait les audiences du palais, en 1821 (28 mars), une ordonnance autorisait le comte François Jaubert à adopter son neveu et à lui transmettre son titre

____

(1) Notice sur M° Lenormand, mort après avoir été avocat à Vire, et botaniste distingué.

de comte. Après la mort de ce père adoptif, des lettres patentes du 9 mars 1826 autorisèrent, dans la famille Jaubert, la fondation d'un majorat de dix mille francs de revenu, et dès lors, dans le monde des lettres, dans l'industrie, dans les sciences et bientôt dans la politique on connut le *comte Jaubert*.

La baronne de Micoud, sa mère, avait eu de ce second mariage une fille qui devint Mme Duvergier de Hauranne, et lui-même épousa Mlle Boignes, sœur d'un député de la Restauration et fondateur de grands établissements métallurgiques dans la Nièvre et le Cher.

La vive intelligence du comte Jaubert s'intéressa aussitôt à l'industrie dans laquelle il se trouvait engagé par la fortune de sa femme ; bien qu'il n'eût pas à diriger les usines de Fourchambault, il en fut administrateur pendant de longues années et leur prêta le concours de sa grande capacité et souvent aussi celui de sa parole.

Après la révolution de Juillet, pensant qu'avant tout il fallait servir la France, le comte Jaubert n'hésita pas à entrer dans la politique, et de 1831 à 1844, il fut à la Chambre des députés l'un des représentants du département du Cher.

Sage partisan des idées qui avaient eu pour patrons Casimir Périer et après lui M. Guizot, le comte Jaubert montra au Palais-Bourbon l'esprit le plus varié et le plus posiuif à la fois. Son renom d'homme d'e-prit et d'orateur habile et incisif s'éta-blit bientôt. Son caractère aimable et bien-veillant le faisait rechercher de chacun, en même temps que tous les partis le ména-geaient dans la crain'e de ses apostrophes toujours spirituelles et souvent mordantes. Ce serait ici la place d'un résumé des évé-nements auxquels il prit part, en donnant l'explication de sa ligne de conduite, ce qui mettrait à même de rappeler quelques-uns de ses mots heureux restés célèbres; mais cela nous en'raînerait hors des bornes que nous nous sommes tracées.

Bien qu'il jouât un rôle important au Palais-Bourbon, le comte Jaubert ne se laissa pas absorber par la politique; les soins à donner à sa famille et surtout les voyages et les recherches de la botanique, qui a toujours été sa science de prédilec-tion, occupaient et charmaient sa vie. Cette vie de famille, ces études de la na-ture entretenaient en lui cette aménité de caractère, cette bienveillance courtoise qui, dans la société, en faisaient un homme des plus aimables et des plus dis-tingués.

Sa passion pour la botanique le fit con-courir puissamment à la fondation de la Société de botanique de France dont il fut un des bienfaiteurs. C'est à ses efforts per-sévérants que le Muséum a dû le rétablis-sement de la chaire de botanique rurale qu'ont illustrée les deux derniers Jussieu.

Après des voyages en Italie, en Suisse, en Hongrie, et dans toutes les parties de la France, au printemps de 1839, alors qu'il avait encore, comme il le dit lui-même, l'enthousiasme de la jeunesse et la force de l'homme arrivant à la maturité (1), il voulut entreprendre un nouveau voyage et il partit avec Charles Texier pour l'Asie Mineure, de Smyrne à Constantinople. Il voulait même aller de cette dernière ville à Jérusalem (2), mais une fièvre violente et qui mit ses jours en danger, l'obligea de revenir en France.

Il est agréable de suivre dans sa correspondance le botaniste parcourant l'Asie Mineure, en visitant Éphèse, Brousse, Nicée et autres villes célèbres. Il y a plaisir à le voir « stimulant le zèle de ses domes-« tiques et descendant lui-même cent fois « par jour de cheval, pour faire la cueil-« lette des fleurs qui vont enrichir ses « herbiers. » Il faut l'entendre dire : quelles étaient les perplexités, lorsque au passage des torrents débordés, il

---

(1) *Lettres écrites d'Orient* par le comte Jaubert. *Revue des Deux-Mondes de* 1842, 1er volume, p. 325. — *Lettre de Marseille.*

(2) « *L'histoire des croisades*, écrit-il de Nicée, aura « bien de l'intérêt pour moi, lorsque, après l'Asie « Mineure, j'aurai vu la Syrie et Jérusalem. » — *Revue des Deux-Mondes*, p. 367.

voyait aller à la dérive les chevaux porteurs de ses valises et sacoches bondées de plantes précieuses. Tout fut heureusement sauvé; et en 1842 parurent à la librairie Roret cinq volumes avec planches contenant la description des plantes d'Orient les plus curieuses et les moins connues (1).

Au retour de cette excursion intéressante, M. le comte Jaubert était occupé à classer et ranger ses herbiers, lorsque se réveilla la vieille rivalité de la France et de l'Angleterre. La quadruple alliance s'était coalisée contre nous; les souvenirs toujours vivaces et cuisants de la mort glorieuse mais cruelle de son père, mirent le comte Jaubert à la disposition du ministère du 1er mars, et M. Thiers lui confia le ministère des travaux publics. Ce sont bien ces cruels souvenirs qui furent le point d'attache du comte Jaubert avec M. Thiers. On en eut la preuve lorsque, dans la discussion de l'adresse (session de 1840-1841), on l'entendit, dans une éloquente et chaleureuse harangue, regretter de n'avoir pu recueillir le boulet qui avait tué son père à Aboukir pour le renvoyer à lord Palmerston.

Plus tard, c'est dans la paisible prépara-

---

(1) L'ouvrage a pour titre : *Illustrationes plantarum rientalum.*

tion de la publication de ses découvertes d'Orient que M. le comte Jaubert oublia les mécomptes de la politique. En novembre 1839, il fut nommé pair de France, et au palais du Luxembourg comme au Palais-Bourbon, avec plus de force encore, il défendit la politique conservatrice du règne de Louis-Philippe.

Nommé chevalier de la Légion d honneur le 27 avril 1840, M. Jaubert fut, en 1849, au nombre des glorieux vaincus de Février, et il resta dans l'ombre jusqu'au 18 février 1874.

Au commencement de la présidence du prince Louis-Napoléon, les souvenirs du dévouement désintéressé de son oncle, le gouverneur de la Banque, avaient désigné M. Jaubert au Prince, qui voulait l'appeler au conseil d'Etat ; mais le fatal décret du 21 janvier, en prononçant la spoliation de la famille d'Orléans, ne permit pas au comte Jaubert, ancien ministre du roi Louis-Philippe, de servir le gouvernement nouveau. Il refusa la distinction qui lui était offerte, et dès lors il se renferma dans les soins à donner à sa famille et à ses études favorites. Il se borna à des publications de littérature, d'économie politique et d'agriculture, auxquelles il se complaisait. Nous devons signaler ici deux de ces publications utiles de sa retraite, l'une sur le dépérissement des arbres de nos promenades publiques, l'autre sur les cours d'eau.

Qu'on nous permette, puisque ce travail nous procura l'honneur de connaître M. le comte Jaubert, de nous y arrêter quelques instants. Il fut lu à la Société du Berry, les 6 avril et 2 mai 1857.

Lorsque le comte Jaubert voulut s'occuper de cette dernière étude, il recueillit les documents publiés sur la matière, et, à côté des circulaires de M. Vivien, qui créa le service hydraulique, il ne dédaigna pas de mentionner un rapport fait par nous au congrès central d'agriculture, en 1850 (V. p. 12 de la brochure).

L'auteur discute les améliorations législatives et administratives qui sont à faire, et, en parlant avec éloge de la création par M. Vivien du service spécial des ingénieurs chargés du régime des eaux, il ajoute : « Nous aimons à penser que « M. Vivien, en créant le service hydrau-« lique, s'est souvenu d'un vœu exprimé « par nous, il y a quelque vingt ans, à la « tribune de la Chambre, quand nous « avons dit : *que chaque rivière devrait* « *recevoir de la science moderne son ingé-*« *nieur, comme elle avait reçu jadis de la* « *fable sa naïade.* »

En 1858 le comte Jaubert fut élu membre libre de l'Académie des sciences, en remplacement de M. Largeteau, et ce titre nouveau l'encouragea à reprendre et à développer le *Vocabulaire du Berry*, paru en 1838 Après une première refonte faite en 1846, le *Glossaire du Centre de la France*, avec introduction nouvelle, fut publié par lui en 1864. Deux ans après, en 1866, il fit paraître une défense des droits des académiciens libres dans le sein de l'Institut, et les réformes qu'il demandait ayant été repoussées, il crut devoir renoncer à son titre.

En 1869, le comte Jaubert s'ngea à se présenter comme député de l'opposition dans le département du Cher, mais sa candidature échoua. C'est sa seule velléité politique sous l'Empire.

Pendant l'invasion prussienne, une douleur immense était réservée à ce père de famille modèle : son fils, beau et noble jeune homme, chef de famille lui-même, poussé par son cœur, intervint dans une discussion entre le curé de sa paroisse et un des chefs ennemis. L'autorité brutale du sabre n'admettait pas d'observations, et le vicomte Jaubert fut traîné avec son pasteur devant un chef supérieur. Là, tout prétexte manquant, il fut rendu à la liberté ; mais, abîmé de privations et de fatigues, il ne rentra chez lui que pour y mourir, martyr de sa charité.

Ainsi, et comme fils et comme père, il a été donné au comte Jaubert d'avoir le cœur doublement déchiré par les ennemis de la France ? Il restait au père de famille une fille tendre et chérie, mariée au vicomte Benoist d'Azy ; mais les survivants peuvent-ils consoler de l'absence des défunts ?

Dans la profonde douleur qui l'accablait après la signature du traité de paix avec l'Allemagne, M. le comte Jaubert reçut une convocation comme membre de la Société savante des *curieux de la nature*, qui se réunissait à Dresde. En réponse à cette invitation, le comte Jaubert envoya sa démission en disant : « qu'un Français ne « peut plus, sans compromettre sa dignité, « entretenir des relations, même scientifi- « ques, de l'autre côté du Rhin. » C'était bien là le patriote valeureux qui regrettait de ne pouvoir renvoyer à lord Palmerston le boulet qui avait tué son père !

Du reste, de nobles diversions furent données aux chagrins déchirants de l'homme de famille, le 8 février 1871, il fut élu membre de l'Assemblée nationale et il concourut par son vote et par sa parole aux travaux de l'Assemblée. On aurait dit qu'il avait, pendant vingt ans, fait provision d'ardeur parlementaire et il se montra sagement animé de l'esprit de réforme qui cherche le bien et le poursuit avec zèle et persévérance.

A l'Assemblée de Versailles, comme aux palais Bourbon et du Luxembourg, il se montra vif et pétulant adversaire de tout ce qui était contraire à l'ordre. Devançant les princes d'Orléans, il alla, en novembre 1871, trouver à Lucerne le comte de

Chambord à qui il offrit un hommage et une adhésion sincères, témoignages auxquels le prince se montra très-sensible. Pendant trois ans, sauf les interruptions que lui imposa la maladie, il fut constamment sur la brèche, prêt à intervenir dans toutes les discussions, d'un mot ralliant à lui les gens d'esprit et les hommes de bon sens, il savait captiver l'attention de l'Assemblée et percer à jour par un mot vif et pénétrant les rodomontades de ces matamores de la liberté qui n'ont le mot dans la bouche que pour déguiser leurs projets d'asservissement.

Un seul mot sur le dernier acte qui couronne la carrière politique de M. le comte Jaubert, c'est lui qui à la séance du 31 juillet 1871, a proposé la loi sur la liberté de l'enseignement supérieur, qui peut dans une utile émulation stimuler le zèle des professeurs de l'Université, et ouvrir une ère nouvelle à notre enseignement supérieur. Le 26 août 1871, la proposition fut prise en considération à l'unanimité, et les débats auxquels donna lieu cette loi importante, dont l'appréciation est controversée, s'ouvrirent précisément au moment où l'auteur de la proposition, retenu à Montpellier par une maladie de poitrine, allait rendre son âme à Dieu.

Homme de devoir, jusqu'à son lit de mort, il travaillait et envoyait à ses collègues de dernières notes pour la défense de la loi à laquelle il attachait tant d'importance. Dans sa maladie, s'il se plaignait, ce n'était pas de ses souffrances, mais de l'impuissance où il se trouvait de remplir le mandat qu'il avait reçu du département du Cher. Ainsi, le devoir, voilà la devise que s'imposa le comte Jaubert.

Le 5 décembre 1874, au milieu des soins de sa fille chérie, après avoir reçu les consolations que l'Eglise donne à ses enfants, il rendit son âme à Dieu dans la 77° année de son âge. Le 7 décembre, en faisant connaître à l'Assemblée cette triste perte, M. Buffet, son président, rendait au défunt ce témoignage que, par l'élévation et par la bienveillance de son caractère, il avait conquis l'affection de tous ceux qui ont eu l'honneur de l'approcher. C'est par cet éloge du cœur de M. le comte Jaubert que nous avons voulu terminer, car ce sont là les qualités qui survivent et nous suivent devant le tribunal de Dieu.

Puissions-nous, par cette sèche et brève analyse de la vie d'un grand citoyen, avoir payé au comte Jaubert le tribut de respect et nous osons dire d'affection que nous avons eu pour lui, du jour où nous avons eu l'honneur de recevoir sa visite au ministère des travaux publics.

A. DE PISTOYE.

PARIS. — TYP. A. POUGIN, 13, QUAI VOLTAIRE. — 1316.

PARIS — TYPOGRAPHIE A. POUGIN, 13, QUAI VOLTAIRE — 4316